序　言

　　青少年是国家的未来、民族的希望，青少年的健康成长事关国家前途和民族命运。党和政府高度重视青少年的健康成长，着力构建青少年安全教育的国家、社会、学校和家庭协同机制，努力提高青少年的安全意识和自我保护能力。加强青少年安全教育，让青少年免受伤害，不仅是国家和社会的责任，也是学校和家庭的责任。

　　近年来，青少年安全事件时有发生，严重危害了青少年的身心健康发展。调查研究发现，青少年安全意识淡薄是青少年安全事故发生的重要原因之一。本套图书旨在向青少年及其家长、教师普及安全教育知识，讲解青少年自我保护的方法，将青少年安全教育落到实处，从而提升青少年的自我保护意识和能力。青少年安全教育包括心理健康教育、网络安全教育、交通安全教育、预防犯罪教育和远离毒品教育等内容。此次首批选取了青少年安全教育的三个重要领域进行编写，内容具有很强的针对性、专业性和可操作性。

《守护心理健康》 心理健康是青少年健康发展的重要内容。同时，青少年心理发育还不成熟，格外需要国家、社会、学校和家庭的呵护。该书通过心理健康教育，让青少年更好地了解自己，正确评价自己；克服自卑心理和逆反心理，做好情绪管理；缓解考试压力和焦虑情绪，增强自控能力；建立融洽的人际关系，养成良好品行。

《拒绝网络伤害》 网络已成为青少年学习生活的重要场域，能够满足其多元化需求。同时，因自控能力弱、辨别能力不强，青少年容易遭受网络伤害。该书通过拒绝网络伤害教育，使青少年认知电信网络

青少年安全教育系列丛书

家长和老师的陪伴读物

守护心理健康

刘鹏志 ◎ 著

群众出版社

图书在版编目（CIP）数据

守护心理健康 / 刘鹏志著． -- 北京：群众出版社，2024.1
（青少年安全教育系列丛书）
ISBN 978-7-5014-6327-5

Ⅰ.①守… Ⅱ.①刘… Ⅲ.①心理健康－健康教育－中小学－教学参考资料 Ⅳ.①G634.203

中国国家版本馆CIP数据核字(2023)第253523号

守护心理健康

刘鹏志◎著

出版发行：群众出版社
地　　址：北京市丰台区方庄芳星园三区15号楼
邮政编码：100078
经　　销：新华书店
印　　刷：天津盛辉印刷有限公司
版　　次：2024年1月第1版
印　　次：2025年1月第3次
印　　张：2.625
开　　本：880毫米×1230毫米　1/32
字　　数：52千字
书　　号：ISBN 978-7-5014-6327-5
定　　价：29.00元

网　　址：www.qzcbs.com
电子邮箱：qzcbs@sohu.com

营销中心电话：010-83903991
读者服务部电话（门市）：010-83903257
警官读者俱乐部电话（网购、邮购）：010-83901775
法律图书分社电话：010-83905745

本社图书出现印装质量问题，由本社负责退换
版权所有　侵权必究

诈骗的套路并学会防范；了解禁止未成年人参与网络直播打赏的规定，养成正确观看网络直播的行为习惯；了解网络沉迷和"不良饭圈""黑界""祖安文化"的危害，预防网络沉迷，明辨网络社交行为的边界；了解侵犯个人信息的内容、危害和法律责任，更好地保护个人信息。

《防范校园欺凌》 校园欺凌严重影响青少年身心健康，扰乱学校的教学管理秩序，甚至容易诱发违法犯罪行为。该书通过防范校园欺凌教育，让青少年了解预防校园欺凌的基本知识，正确认识校园欺凌的危害；明确识别欺凌行为，敢于对校园欺凌说"不"；让欺凌者知晓欺凌行为带来的后果、应当接受的教育惩戒措施以及要承担的法律责任，远离校园欺凌。

本套丛书贴近青少年现实生活、案例生动鲜活、问答设计严谨，趣味性、知识性兼具，既可作为教师开展青少年安全教育的内容参考，也可作为青少年及其家长学习安全知识的家庭读物，使青少年学会自我保护、远离危险，从源头上减少和避免各类安全事故的发生。

郭开元
中国青少年研究中心研究员
2023 年 12 月

目录

一、自我认识篇

1. 生命何以珍贵 如何珍爱生命 02
2. 我是谁 如何更好地了解自己 04
3. 如何正确看待他人对自己的评价 05
4. 如何客观地认识自己的优点和不足 08
5. 怎样平衡个人需求和他人期望 11
6. 如何克服自卑情结 14
7. 如何调节逆反心理 17

二、情绪管理篇

1. 总是忍不住想发火该怎么办 21
2. 发泄不良情绪的方法有哪些 24
3. 当情绪低落时如何正确面对 27
4. 如何提升情绪稳定性 29
5. 如何提升心理复原力 31

1. 如何维持持续的学习动力 35
2. 如何科学制定并实现自己的学习目标 37
3. 如何增强学习自控力 40
4. 如何缓解考试压力和焦虑情绪 43
5. 如何克服厌学情绪 46

三、学习心理篇

1. 如何在新环境中较快地结识新朋友 50
2. 如何沟通可以避免或减少冲突 52
3. 在学校被欺凌了该怎么办 55
4. 如何克服社交恐惧 59
5. 怎样做才能更受同学欢迎 62

四、人际关系篇

五、良好品行养成篇

1. 如何培养坚毅的品格 65
2. 如何培养乐观的心理品质 68
3. 如何培养与他人合作的意识和能力 70
4. 如何合理使用电子产品 73

一、自我认识篇

1. 生命何以珍贵 如何珍爱生命

案例呈现

从小家长和老师都教育我们生命是非常宝贵的，要珍爱生命。可是，小 Z 看着熙熙攘攘的人群有点想不通，人和人之间好像差别也不大，为什么说生命是宝贵的？又应该如何珍爱自己的生命呢？

心理科普

生命的三个特点：

1. 生命的唯一性。生命是唯一的，在这个世界上不可能找到和自己一样的人。正如遗传进化学家设菲尔德所说：多考虑考虑自己的事吧，在整个世界史中，没有任何别的人会跟你一模一样。在将会到来的全部无限的时间中，也绝不会有像你一样的另一个人。这个世界上有且只有一个你，所以你才显得如此珍贵。

2. 生命的不可逆性。陶渊明在《杂诗》中说道：盛年不重来，一日难再晨。及时当勉励，岁月不待人。有人说，生命是一趟单程的旅行，最后走向终点，不可能再回到出发地。正如马克·吐温所言：珍惜生活的每一刻，因为你永远不知道下一刻会发生什么。生命中的每个瞬间都是宝贵的，都值得用心去体验。

3. 生命的不可再性。正如苏联作家尼古拉·奥斯特洛夫斯基在《钢铁是怎样炼成的》一书中写的：人，最宝贵的是生命。生命对每个人只有一次。……每当回忆往事的时候，能够不为虚度年华而悔恨，不因碌碌无为而羞耻。临死的时候，他能够说"我的整个生命和全部精力，都已经献给了世界上最壮丽的事业——为人类解放而进行的斗争。"

生命一旦失去，就不可能有第二次

答疑解惑

生命之所以珍贵，是因为它是无可替代的。每个人都是独一无二的个体，拥有自己的思想、情感和经历。无论人与人之间的差异是否显著，每个人的存在都对世界有着独特的影响力和意义。

1. 对自己的身体、心灵和健康负责。这包括关注自己的饮食、睡眠和锻炼习惯，保持良好的心理健康和积极的生活态度。同时，注意安全，避免危险和不必要的风险，如交通事故、暴力等。

2. 永不放弃生的希望。珍爱生命的人，无论遭受多大的挫折，都不会轻易放弃生的希望。

3. 提升生命的价值。生命的价值不在于生命的长短，而在于对社会的贡献；让有限的生命焕发光彩，并为之不懈努力，不断提升生命的价值。

4. 尊重他人的生命和尊严。要学会与他人友好相处，理解和包容不同的观点和经历。意识到生命的宝贵，并尽可能地为他人创造幸福、安全和美好的环境。

总之，珍爱生命是一种价值观和生活态度，它提醒我们要对自己和他人的生命持有尊重和珍惜的态度。通过积极的行动和思考，我们可以更好地理解并体验到生命的珍贵之处。

自己认为的别人的目光

实际上别人的目光

答疑解惑

　　从聚光灯效应可以看出，有些所谓的评价并不是真实存在的，只是我们自己臆想出来的，而且每个人的评价都是主观的，并不代表绝对的真实性或我们的全部价值。我们要学会以积极的态度面对他人的评价，从中获取有益的

信息，并积极提升自己的能力和自信心。面对他人对自己的评价，我们可以采取以下几个步骤来处理：

1. 保持冷静和客观。在收到他人评价时，不要过度情绪化或过于自责，要客观地分析他人评价的内容和真实性。

2. 筛选有价值的反馈。并非所有的评价都是有建设性的，有时候人们的评价可能是主观的或带有偏见的。我们需要学会筛选出真正有价值的反馈，并将注意力放在那些真正能够帮助我们改进和提升的反馈上。

3. 明确自我认知和树立自信心。了解自己的价值和能力，并正确地认知自己的努力和成就，培养积极的自我形象和自信心，不要完全依赖他人的评价来衡量自己的价值。

4. 以自我成长为目标。将他人的评价视为成长的机会而不是打击。每个人都有优点和不足，通过他人真实的反馈和评价，我们可以认识到自身的盲点和提升空间，并努力改进自己。

开动脑筋

你有过类似小S的这种困扰吗？你是怎么做的呢？

4. 如何客观地认识自己的优点和不足

案例呈现

小 Q 的学习成绩虽然不错，但是好像没有什么特长。小时候她也上过钢琴、画画等兴趣班，或许自己没有这方面的天赋，最后都不了了之。看到其他同学有的能歌善舞，有的琴棋书画无所无能，感觉自己就是一个只会读书的书呆子，所以，在同学面前常常感到很自卑，她该怎么办呢？

心理科普

多元智能理论

1983 年，美国心理学家霍华德·加德纳提出了多元智能理论。加德纳认为，智能的内涵是多元的，它由八种相对独立的智能成分构成：语言智能、数理逻辑智能、空间智能、身体运动智能、音乐智能、人际交往智能、自我认识智能以及自然认识智能。

多元智能

- 内省：认识自己、管理自己、独处、反思
- 人际：理解关心他人、交流、分工、合作
- 语言：倾听、阅读、书写、演说
- 音乐：欣赏音乐、唱歌、打节拍、辨别音调
- 空间：辨方向、走迷宫、玩拼图、想象、绘画、设计
- 逻辑：识数、计算、测量、推理、因果关系
- 运动：触摸、手势、表演、操作、运动
- 自然：识图、认识动植物、辨别、分类

答疑解惑

每个人都有自己的优势智能，同时，有些智能可能并没有那么突出。我们需要客观地评价自己的各种智能并根据实际情况进行调整。

1. 我们可以通过观察自己的行为、兴趣和能力来发现自己在哪些方面表现得比较出色。比如，我们可能在语言智能方面擅长表达和理解文字，或者在音乐智能方面具备较强的音乐感知能力，等等。

2. 每个人都有自己相对较弱的智能类型，或者在某些方面存在欠缺。我们可以通过观察，发现自己的不足之处，比如，我们可能在身体运动智能方面表现一般，或者在音乐智能方面较为薄弱，那么我们就可以利用各种学习和训练方法来加强自己较弱的智能类型，以提升自己的能力。

3. 每个人的天赋都是不一样的，我们没有必要跟别人比较。我们可以尝试悦纳并发展自己的优势智能，让自己变得越来越优秀；接受并积极提升自己的劣势智能，让自己变得越来越全面。

总而言之，客观认识自己的优点和不足需要通过观察自己、了解多种智能类型、自我改善以及借鉴他人的意见和反馈等多种方式来实现，以便帮助我们更好地发挥自身优势，提升自己的能力。

开动脑筋

你能说说自己的优点和不足吗？在日常生活中，你是怎样发挥自己的优势、克服自己的不足的呢？

5.怎样平衡个人需求和他人期望

案例呈现

小D有一个非常要好的朋友小U，刚开始的时候，两个人互相尊重，度过了一段非常美好的时光。随着关系越来越亲密，小U对小D的约束越来越多。小U动作比较慢，有时放学时小D等不及先走了，小U就非常生气，逼小D向她道歉，否则两人就绝交。小D觉得交个朋友也不易，就向她道歉了，没想到她变本加厉，因为一点小事就生气，然后逼小D道歉，这令小D非常苦恼。而且，小U还经常不让小D和其他同学交往，有时小D只是和其他同学说了几句话，小U也很生气，小D该怎么办呢？

心理科普

人际距离

人类学家霍尔认为,人际距离可分为四种:

1. 亲密距离 (0 ~ 0.46 米)	通常用于父母与子女之间,在此距离上双方均可感受到对方的气味、呼吸、体温等私密性刺激
2. 个人距离 (0.46 ~ 1.2 米)	一般用于朋友之间,此时,人们说话轻柔,可以感知大量的身体语言信息
3. 社会距离 (1.2 ~ 3.6 米)	通常用于具有公开关系而不是私人关系的个体之间,如上下级之间、顾客与售货员之间、医生与患者之间等
4. 公众距离 (3.6 ~ 7.5 米)	一般用于演讲者与听众、彼此极为生硬的交谈及非正式的场合等

答疑解惑

《论语》有言,"亲则生狎,近则不逊",意思是:人与人之间的交往要保持一定的距离,太亲近就不够庄重和严肃,就会产生不恭敬的行为,就会对别人不谦逊。可见,人与人之间保持一定的物理距离和心理距离是非常重要的。下面是一些方法和建议:

1. 设定健康的界限。明确自己的底线和边界,清楚自己愿意做和不愿意做的事情。学会说"不"是守住自己的界限和维护自己的权益的重要方法,而不必过度迎合他人的期望。

2. 保持良好的沟通和表达。与他人保持良好的沟通，坦诚地表达自己的需求和想法，减少误解和冲突，并找到双方都能接受的解决方案。

3. 在个人需求和他人期望之间找到平衡点。虽然有时可能需要我们作出妥协，但也要确保自己的权益得到合理的满足，避免忽视自己的合理需求。

4. 倡导自我关爱和自我照顾。将自己的身心健康放在首位，不要以牺牲自己的健康和幸福来满足他人的期望。通过培养健康的生活方式和自我关爱的习惯，保持我们身心的平衡和健康。

平衡个人需求和他人期望是一个不断学习和调整的过程。每个人的情况和需求都不同，关键是坚持作出适合自己的决策，并坚定地守住自己的界限和维护自己的权益。

6. 如何克服自卑情结

案例呈现

小E的父母都是残疾人，几乎没有劳动能力，全家依靠低保生活，家里经济状况很差。在同学们面前，他感到很自卑，有时甚至恨父母为什么把自己生下来。有一次，有个同学问他父母是做什么的，他支支吾吾半天，满脸通红，一句话也说不出来。他很怕别人知道自己家的情况，也很怕和同学们交往，担心他们瞧不起自己，他也知道这样想是不对的，但他不知道自己该怎么办。

心理科普

自卑情结

心理学家阿德勒认为，自卑可以促使人们寻找途径来弥补缺陷，进而追求成功，这个过程被称为补偿。同时，他也认为，自卑感是人类地位增进的原因，从一定意义上讲，适度的自卑感可以有效地促进个体的"本能"积极性，从而促使其追求优越感。

但自卑感并不等于自卑情结。阿德勒首创"自卑情结"这个概念，他将其定义为："当一个人面对一个他无法适当应付的问题时，他表示他绝对无法解决这个问题，此时出现的便是自卑情结。"自卑情结的存在意味着恶性循环的出现：一个自卑的人想努力摆脱自卑，但他所采用的方式却只能让他的努力失败，从而加重他的自卑，不断重复下去，形成恶性循环。

答疑解惑

自卑感并不完全是坏事，适度的自卑感可以促进自我发展，我们需要克服的是自卑情结。

1. 接纳现状。无论家庭的经济状况等这些外在条件如何，都要明白这并不是我们的错，也不应该让我们感到羞耻或自卑。接受现实并学会爱自己和家人，这是重要的第一步。

2. 增强自信心。每个人的价值不应该由经济条件或家庭背景等外在条件来决定。要提升自己的自信心，我们可以参加自己感兴趣的活动，培养自己的才能和技能，从而认识到自己的独特之处，相信自己有能力克服困难。多做一些力所能及、把握性较大的事情，每一次成功都是对自信心的强化，然后循序渐进地增强自信心。

3. 正确补偿，改变现状。人即使存在某些缺陷和不足，也不是绝对不能改变的，关键要看自己有没有勇气行动起来，只有找到正确的补偿目标，才能弥补自身的缺陷或者从另一个方面得到补偿。我们不应回避自己的缺点，同时也要坦然地发挥自己的优点，在看到自己不如人之处时，也能看到自己如人之处或过人之处。

4. 塑造正面的社交圈子。与那些对我们产生积极影响的人交往和相处。选择那些能够欣赏我们的人，而不是与以家庭经济状况等外在条件评价我们的人进行交往和相处。

5. 提高自我意识。了解并珍视自己的价值观、梦想和目标。明确自己想要成为的人，并朝着这个目标努力。

当自卑情结出现时，告诉自己每个人都有自己的价值和潜力，要相信自己的能力，并相信未来会有积极的变化。

7. 如何调节逆反心理

案例呈现

小F进入五年级以来，父母经常说他变得越来越叛逆了。他也不知道为什么，内心经常很烦躁，特别是听到父母喋喋不休的唠叨的时候，他经常和他们顶嘴。有些时候，他也明白父母讲的也是对的，可就是忍不住地要反驳他们，一直说得他们哑口无言了，小F才觉得心里舒服了。事后想想自己其实挺无理取闹的，可就是控制不住自己，他该怎么办呢？

心理科普

青春期叛逆

青春期叛逆，是指青少年进入青春期后发生的一段心理的过渡期，是其独立意识和自我意识日益增强，迫切希望摆脱成人（尤其是父母）监护的表现。青春期的叛逆行为，本质上是其内在人格形成过程的外在呈现，是一个本能的、在不断地尝试、挣扎、对抗、摇摆中逐渐明确自我意识边界，建立相对稳定的事物认知和自我认知的过程。

美国著名"沟通之父"托马斯·戈登博士认为，青春期孩子反叛的不是其父母，而是对抗父母的权力以及基于这份权力表现的言行方式。所以，逆反心理从本质上讲，是青少年自我意识发展过程中的一种产物，是青少年的一种反抗形式，是青少年试图确立自我形象、强调个人意志的一种手段。

答疑解惑

叛逆是青少年时期常见的行为，它代表了青少年渴望独立和自主的愿望。然而，与父母的冲突可能给我们带来痛苦和不良后果。以下是一些建议，帮助我们缓解逆反情绪并更好地处理和父母之间的关系：

1. 进行自我反思。尝试从自己的行为和言辞中了解自己的情绪和反应，以及造成这种行为的根本原因。

2. 学会理性表达。找一个适当的时间和方式，与父母坦诚地谈论我们的感受和需求。试着把他们作为朋友来看待，向他们表达自己愿意倾听和尊重他们的观点。

3. 建立信任与尊重。建立家庭成员之间的信任和尊重是关键。尽量尊重并倾听父母的观点，同时也向他们表示希望得到他们的尊重和意见。

4. 尝试冷静思考和沟通。当感到烦躁时，我们可以试着采取深呼吸和冷静思考的方式，以避免过度反应。要学会沟通，并努力找到自己与父母双方都能接受的沟通方式和解决问题的方法。

5. 发展自我控制能力。寻找一些适合自己的技巧和策略来控制情绪，如运动、写日记或尝试冥想，调整情绪、减轻压力，并提高自我控制能力。

开动脑筋

青春期逆反是我们成长过程中的一种正常现象，我们只要学会调整逆反情绪的方法，就可以平缓地度过这段时期。你还有什么好的方法可以分享吗？

二、情绪管理篇

1. 总是忍不住想发火该怎么办

案例呈现

最近不知道怎么了，小W总是无缘无故地想发火。虽然他也知道总发脾气不好，但就是控制不住自己。前两天，他同桌不小心把他的作业本弄到了地上，他便大发雷霆，把同桌吓坏了。后来，小W觉得自己不该发这么大的火，便向同桌道歉，但同桌还是很生气，对小W不理不睬。类似的事情有好几次了，小W感觉把身边的朋友都得罪遍了，他也想作出改变，他该怎么办？

心理科普

踢猫效应

踢猫效应，是指人们往往会向弱于自己或者社会等级低于自己的对象发泄不满情绪，而这种情绪会起到连锁反应，由上往下逐渐传递。在这个效应中，情绪就像一个金字塔，由上往下传递。处于最顶峰的人可以肆无忌惮地将情绪向下发泄，而处于最底端、最弱小的人，将成为最终情绪的受害者，这是一种能够传染的心理疾病。

① ②

③

答疑解惑

踢猫效应告诉我们一个道理，如果控制不住自己，乱发脾气，最后受到伤害的可能还是自己。如果我们经常感到情绪激动和难以控制自己的愤怒，可以试试以下这些方法：

1. 寻找触发因素。尝试注意并记录引发我们愤怒的具体情境和触发因素，这有助于我们了解什么样的事情或情况容易引起自己愤怒。

2. 思考解决方法。一旦我们明确了引发自己愤怒的情境和触发因素，便要开始思考可能的解决方法。例如，学习沟通技巧、设立界限或寻求帮助和咨询等。

3. 认识自己的情绪。学会认识和理解自己的情绪，并找到适合自己的情绪管理方法。例如，通过冥想、写日记或参加情绪管理课程来增强自我意识和情绪调节能力。

4. 尝试深呼吸和放松。当我们感到愤怒时，尝试进行深呼吸，慢慢吸气，然后缓慢地呼气，重复几次，直到冷静下来。

5. 进行体育活动。进行体育锻炼或参加其他身体活动，可以帮助我们释放累积的焦虑和愤怒情绪。可以尝试寻找一项自己感兴趣的活动，如慢跑、游泳或球类运动等。

人有坏情绪是正常的，而如何应对和管理它们是关键。如果通过以上这些方法自己仍无法应对愤怒情绪时，就需要寻求专业帮助了。

2. 发泄不良情绪的方法有哪些

案例呈现

小R最近总觉得莫名的压抑、痛苦，每当这些情绪出现的时候，他就用手掐自己的胳膊，胳膊上总是青一块紫一块的。虽然掐过以后感觉负面情绪纾解了很多，但他也知道这样不对，可就是控制不住自己。马上就要进入夏天了，该穿短袖了，他很担心被同学看到掐痕影响不好，但又无力控制自己，他不知道该怎么办。

心理科普

费斯汀格法则

美国社会心理学家费斯汀格有一个很出名的判断，被人们称为费斯汀格法则，即生活中的事情10%是由发生在你身上的事情组成的，而另外的90%则是由你对所发生的事情如何反应决定的。也就是说，不好的情绪带来的后果是连锁的，任由不良情绪发展下去，你遇到的后面的事情也不会顺利。

10%

生活中的事情 10% 是由发生在你身上的事情组成的

（不可控因素）

90%

另外的 90% 是由你对所发生的事情如何**反应**所决定的

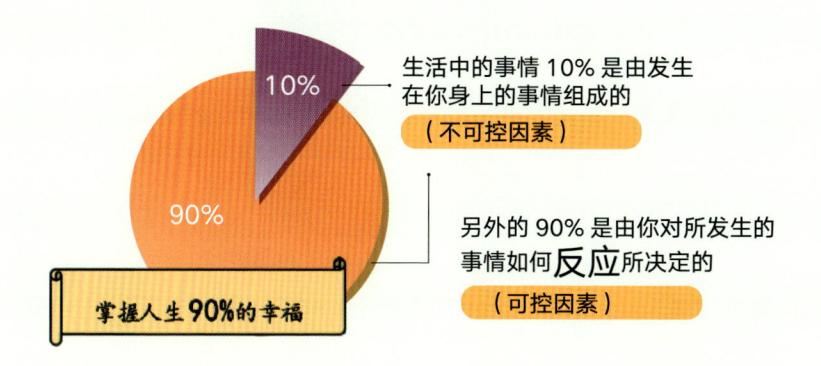

（可控因素）

掌握人生 **90%** 的幸福

答疑解惑

每个人都有情绪低落的时候，小 R 用掐胳膊的方式，不但不能帮助他从根本上纾解情绪，而且还会形成恶性循环，伤害自己的身体。有一些健康的方式可以帮助我们有效地发泄和释放这些情绪。

1. 与朋友或家人交谈。找一位值得信任的朋友或家人交谈，与他们分享自己的感受和不良情绪，寻求他们的倾听、理解和建议。

2. 转移注意力。例如，可以通过看电影、读书、练书法等将情绪表达出来，也可以通过写日记或进行一些创造性表达，如绘画、写作、音乐或手工艺品制作，让自己获得成就感和自我肯定，从而帮助自己释放并转化内心的不良情绪。

3. 参加自己擅长的运动。例如，练习跑步、做有氧运动、打篮球或参加其他体育活动释放的多巴胺可以使人感到放松和快乐，也有助于纾解不良情绪。

如果通过以上方式还是觉得自己无法管理自己的情绪或情绪问题持续存在，那就要考虑寻求专业的心理健康帮助了。

小R尝试了这些方法，每当情绪低落的时候都有了很好的纾解出口，人也开朗了很多。

开动脑筋

如果你发现了小R发泄情绪时留在胳膊上的青紫痕迹，你会怎样帮助他呢？

3. 当情绪低落时如何正确面对

案例呈现

小C最近情绪非常低落，而且对什么都提不起兴趣，连平时喜爱的篮球也懒得去打了，同学们都说他性格变了。学习更不用说了，他也懒得做作业，在上课的时候经常走神，学习成绩也下降了。有个曾经得过抑郁症的同学对他说他大概是得了抑郁症，建议小C去看一下心理医生。他在网上查了一些抑郁症的症状，发现自己有好几个表现都符合。他怀疑自己真的得抑郁症了，他该怎么办呢？

心理科普

抑郁情绪不等于抑郁症

	正常的抑郁情绪	抑郁症
抑郁发作的持续时间	一般不会持续2周以上	会持续2周以上
抑郁发作的原因	十分明确，如严重生活事件	原因可能明确也可能不明确
发散方式	做运动或喜欢的事时会感到轻松	对曾经十分喜欢的事也失去了兴趣
一天中的情绪变化	没有一个固定的变化模式	通常是早上情绪低落，傍晚有所好转

| 日常生活中的变化 | 虽然不想学习或者参加其他活动，但会不知不觉地去做 | 对于学习和其他活动都没有心情去管，影响日常生活，也缺少社会意愿 |
| 自杀意愿 | 不太会有 | 经常会有 |

答疑解惑

抑郁情绪并不等于抑郁症，它和抑郁症还是有一定区别的。即使是抑郁症，也有轻、中、重程度上的区别，千万不要仅仅通过网络测试就对号入座。如果自己经常情绪低落，可以试试以下这些方法：

1. 寻求专业的医生。如果觉得自己情绪低落的症状比较像抑郁症，也不要讳疾忌医，在家人的陪同下到正规医院进行诊断。

2. 和亲近的人分享。告诉家人或亲密朋友自己的感受和状况。倾诉可以使自己放松神经，得到理解和支持后内心会得到力量，从而缓解痛苦。

3. 保持良好生活习惯。尽量养成规律的作息时间和健康的生活习惯。良好的睡眠、饮食和运动有助于维持身心健康，并使低落情绪有所改善。

4. 避免孤立和社交退缩。尽量保持与朋友或家人的联系，并参加一些自己感兴趣的活动。与他人进行交流和互动有助于缓解孤独感和提升积极情绪。

5. 适度运动。适度的运动有助于释放多巴胺，让人心情愉悦，得到满足感，从而缓解抑郁情绪。

4. 如何提升情绪稳定性

案例呈现

小Z的情绪总是容易波动起伏，一点点小事也会引起她的情绪波动，有时看到小说中感人的情节，她都会禁不住泪流满面，同学们都叫她"林黛玉"。这种情绪波动已经影响到了小Z的学习状态，有时情绪来了，她要调整好久才能平复下来，然后才能投入到学习中。这对她的人际关系造成了困扰，有的同学看到她经常情绪不稳定，逐渐疏远了她。小Z想提升自己的情绪稳定性，该怎么办呢？

心理科普

情绪稳定性

情绪稳定性，是指情绪的表现在时间轴上的平稳性与平稳程度，即情绪是否经常变化，变化的频率、幅度是否较小。情绪稳定性高的人，情绪波动较小，对情绪的控制也较好。情绪稳定性的高低程度，主要和大脑中的一些神经递质的分泌和传递有关。这些神经递质，如血清素等，对于人的情绪调节很重要。

答疑解惑

  对于青少年来说，情绪容易波动起伏其实也是非常正常的。况且情绪的稳定性也存在个体差异，有的人情绪稳定性可能好一点，有的人则可能差一点。如果觉得自己情绪的波动起伏已经对学习和人际关系造成了比较大的负面影响，那就可以尝试通过以下这些方法来提升情绪稳定性。

  1. 监控自己的情绪、了解自己的情绪状态是提升情绪稳定性的关键。通过日常记录，分析自己容易出现哪些情绪波动以及波动的诱因，更好地了解自己的情绪波动规律。

  2. 明白出现情绪波动是正常的，但是我们可以学习怎样让自己的情绪波动更加平缓，如通过冥想、深呼吸等方式缓和情绪。

  3. 寻找适当发泄情绪的方式。情绪太过激烈时，我们需要适当地寻找发泄方式。可以选择做一些自己喜欢的运动，或者选择听音乐、看电影等方式，将不良情绪发泄出去。

  4. 建立积极的思维模式。我们的情绪波动和思维模式密不可分，建立积极的思维模式对情绪稳定性的提升有所帮助。积极的思维模式可以使我们更加容易看到事物的好处和价值，从而降低负面情绪的干扰。

5. 如何提升心理复原力

案例呈现

小Y总觉得自己的心理素质比较差，一遇到挫折、困难，很容易被打倒。比如，考试考不好了，有的同学能够痛定思痛，很快地投入下一阶段的学习中去，而他就要心情低落很久才能调整过来，遇到其他事情也一样。他特别希望自己能够在面对逆境、创伤、悲剧、威胁或其他重大压力的时候拥有良好的适应能力，对困难经历有反弹能力，让自己成为"打不死的小强"。那么，应该如何让自己心理素质变得更强大呢？

心理科普

心理复原力

我国台湾地区学者萧文根据前人的研究，总结出七个复原力因子：

七个复原力因子

- 具有幽默感并对事件能从不同角度观之
- 虽置身挫折情境，却能将自我与情境做适度分离
- 对自我和生活具有目的性和未来导向的特质
- 具有向环境或压力挑战的能力
- 能自我认同，表现出独立和控制环境的管理能力
- 有良好的社会适应技巧
- 较少强调个人的不幸、挫折与无价值感或无力感

答疑解惑

复原力是心理资本的四要素之一,对一个人的成长和发展有着积极的意义。如何提升自身的心理复原力呢?

1. 接受现实,直面当下的问题。当我们遇到挫折时,首先要接受现实,不要逃避,直面当下的问题,以实事求是的态度面对目前的艰难处境,并寻找支持,尽可能地利用身边的一切资源应对困境,先解决眼前的具体问题。

2. 宣泄情绪,释放压力。用自己习惯的方法,宣泄不良情绪和释放压力。

3. 培养成长型思维。警惕非黑即白的思维,避免养成"总是""绝不"等绝对化的思维。具备成长型思维模式的人相信他们的能力会通过辛勤的努力与奉献得到提升,而封闭型思维的人则潜意识里认为人的能力是不变的。

4. 寻找意义感。支撑人克服眼前困难和继续往前走的,是生活的意义,这些意义包括如何获得爱和给予爱、如何让自己变得更好、如何让世界变得更好等。寻找生活的意义,能让我们将眼光放长远,将生命拉长,眼前的挫折只是我们生命长河中的一滴水,我们在遇到挫折时或在艰难时期依然能找到生活的意义,获得力量和平静。

5. 寻找社会支持。如果你身边有值得信赖的伙伴或可信赖的团体,那么你所遇到的阻碍、突发事件及灾难就显得没有那么可怕了。我们并不是生活在真空中,我们都需要爱的互相连接。因此,当你正在经历一段艰难的时期时,不要害怕向其他人寻求帮助。

要相信那些打不倒我们的,终将使我们更强大。

开动脑筋

我们在生活和学习中都会遇到挫折和困难,请你分享一个自己克服困难、打败挫折、重拾信心的事情吧!

三、学习心理篇

1. 如何维持持续的学习动力

案例呈现

小X感觉自己的学习动力越来越差了，他学习成绩一般，有时鼓起勇气想努力一番，经过一段时间，整个人的状态就又懈怠了下来，他对自己也挺失望的。其实，他也想成为一名好学生，可是很难维持持续的学习动力，他该怎样做呢？

心理科普

反馈效应

心理学家罗西和亨利曾做过一个著名的关于"反馈效应"的心理学试验：他们把一个班的学生分为三组，每天这些学生学习后都要接受测验，然后按如下方式进行反馈：

	前四周	后四周	实验结果
第一组	每天反馈	从不反馈	成绩逐步下降
第二组	一周集中一次反馈	一周集中一次反馈	成绩逐步上升
第三组	从不反馈	每天反馈	成绩有明显进步

从这八周的试验不难看出，第一组的成绩下降，是因为他们从有反馈变成了没反馈；第三组的成绩明显进步，是因为他们从没反馈变成了有反馈。可见，有反馈本身比

没反馈更具激励性,对活动结果有正面影响。第二组的成绩一直是上升的,这与一直有反馈关系密切,但一周后才反馈的测验结果显然不能有效地强化学习动机。因此,对于学习不但要有反馈,而且还要反馈得"及时"。

答疑解惑

反馈方式不同对学习的促进作用也不相同。一般来说,学生自己进行的主动反馈要优于教师的反馈。结合反馈效应试验,要想维持持续的学习动力,科学、及时的反馈与自我反馈是非常重要的。

1. 积极接受反馈。接受反馈的态度非常重要,要保持积极开放的心态接受反馈并不断学习,不要抵触或阻挠他人的反馈。

2. 深入分析反馈内容。仔细分析反馈的内容,包括他人指出的问题、建议和评价等。确保对反馈信息有全面的理解,特别关注他人对自己指出的问题和不足之处,这样才能帮助我们有针对性地进行改进。

3. 借鉴他人的经验和观点。要善于借鉴他人的经验和观点。反馈往往来自有经验的人,他们可能给出很有价值的建议和策略,我们要从中寻找适合自己的学习方法和技巧。

4. 进行自我评估和反思。要反思自己的学习方法、态度和行为,审视自己是否存在盲点和不足的地方。通过不断评估和反思,发现并改善自身的学习效果。

2. 如何科学制定并实现自己的学习目标

案例呈现

小U留意到班级学习成绩优异的同学几乎都有自己的学习目标，而且他们也基本可以实现其目标。在同学们的影响下，他也开始制定自己的学习目标，但不知道是制定的目标本身有问题，还是在实现目标的过程中存在问题，他每次都不能顺利实现自己的学习目标。他很疑惑，应该如何科学制定并实现自己的学习目标呢？

心理科普

目标制定的 SMART 原则

SMART 原则源自"现代管理学之父"彼得·德鲁克在其著作中有关目标管理的论述。"SMART"是一个缩略语，代表五个形容词。

S: Specific，具体的、明确的	这个目标必须是具体的、明确的，包括时间、范围、地点等信息。越具体的目标，执行起来会越踏实，获得的结果也会更明确
M：Measurable，可量化的、可度量的	一个好的目标，必须是可量化的、可度量的。具体到某个数字上，也就有了明确的目标方向。只要达到了这项要求，往往也能同时让目标变得更具体了
A：Attainable，可达到的、可实现的	好目标首先应该切合实际，是经过努力之后就能有机会实现的目标，而不是可望而不可即的幻想。在设置目标时，一定要循序渐进、一步一个脚印地提高，切忌好高骛远
R: Relevant，相关的、有关的	设定目标时，不能偏离你当下的人生主轴以及优先级最高的事情。这项要求看似简单，却是很多人都做不好的一个方面。因为生活中总是充斥着各种各样的干扰与诱惑，而我们又缺乏足够的定力去约束和引导自己"不跑偏"
T：Time-bound，有时效的、有时限的	设定目标时，别忘记考虑"时间"这一维度。如果一项目标没有时间上的约束，就丧失了一半的意义。如果在完成目标的过程中忽略了时间管理，就可能会让机会成本不断地增加，从而产生焦虑等负面情绪

答疑解惑

合理制定学习目标可以很好地提高学习动力、磨炼自己的意志，养成良好的学习习惯。要想合理制定学习目标可以从以下几个方面着手：

1. 制定合理而可行的学习目标。设定一个虽然有挑战但通过努力可以实现的学习目标。

2. 学会拆分学习目标。将大目标拆分为几个小目标，在实现小目标的过程中产生获得感和动力。

3. 制订明确的学习计划。制订一个详细的计划，包括每天、每周、每月的具体任务和时间安排，将目标分解为具体步骤，安排适当的时间执行这些步骤。

4. 设定目标前与老师、家长、同学等分享自己的目标，寻求他们的帮助和鼓励。有了他人的监督和鼓励，实现目标会更有动力。

5. 要坚持和自律。可以设立奖励机制，每完成一个小目标，奖励自己完成一个心愿，这样可以保持动力和干劲。

小U通过寻求老师和家长的帮助，制定了一个合理的学习目标并坚持实施了起来，一段时间后，成绩果然提升了不少，他开心极了，又有动力制定下一个阶段的目标了。

3. 如何增强学习自控力

案例呈现

小 K 也明白学习的重要性，可是自己的自控力比较差，看到有趣的课外书，就会一直看，导致作业经常没时间完成。玩电脑也一样，玩之前他会告诉自己只玩半小时，半小时之后就做作业。可是一旦玩起来，就不能控制自己，父母过来阻止也没用。父母说得凶一点，他还会和他们吵架。事情过后，又后悔自己不该浪费这么多时间在这些没用的事情上。可是，下次遇到类似的事情，他依旧没办法控制自己。小 K 该怎么办呢，他该如何增强学习自控力呢？

心理科普

棉花糖实验

棉花糖实验是斯坦福心理学家沃尔特·米歇尔提出来的，他曾招募几百位 4 岁的小孩，让他们待在一个房间里，房间里放着一张桌子，孩子们围着桌子坐，他们每个人的面前都有一颗棉花糖。通过棉花糖实验，他得出了一个"延迟满足"的理论，孩子的自控力和延迟满足需求有关，越能延迟满足需求的孩子，自控力越好，未来也会越成功。

答疑解惑

从棉花糖实验可以看出，自控力对一个人十分重要，要想学习好，一定要有比较强的自控力。想要增强学习自控力，建议可以从以下几个方面入手：

1. 制定明确的目标。设定每天需要完成的任务和时间表，并将其写下来，这样有助于我们更好地掌控自己的学习节奏，并有计划地完成任务。

2. 创造有利的学习环境。创造一个安静、整洁、引人入胜的学习环境，远离诱惑和干扰，确保学习环境适合专注和集中精力的条件。

3. 使用时间管理技巧。例如，使用番茄钟法，将学习时间划分为若干个时间段，每段为25分钟，间隔5分钟的休息时间。这种学习—休息的模式可以帮助我们更好地保持专注和充沛的精力。

4. 设定奖励机制。设定奖励机制来激励自己完成学习任务。例如，在完成一项任务后，获得一段时间的娱乐或休息时间作为奖励。

5. 寻求外部支持。与朋友、家人或同学分享自己的学习目标，可以请他们时刻提醒自己专注于学习，或者合作学习，相互监督彼此的学习进度等。

6. 想象未来成果。想象一下专注学习并取得优秀成绩的未来景象，以此为动力坚持学习。将自己的目标和未来的利益联系起来，可以更有动力地管控自己的行为。

每个人的情况和需求都不同，可以根据自己的情况随时进行调整和适应。最重要的是要坚持不懈地努力，相信自己可以增强学习的自控力。

开动脑筋

你有没有增强自控力的小技巧呢？分享给我们吧。

4. 如何缓解考试压力和焦虑情绪

案例呈现

平时考试的时候，小J都能取得不错的成绩，可是一到重要考试的时候，他的成绩就会一落千丈。班主任说他压力比较大，他自己倒是没有感觉到很大的压力，就是每当有重要考试的时候，总会有几天肚子不舒服，有时还会拉肚子。老师说他有点考试焦虑，如果能够缓解考试焦虑的话，成绩应该可以更上一层楼。他该如何缓解考试压力和焦虑情绪呢？

心理科普

耶克斯—多德森定律

耶克斯—多德森定律表明，中等强度的动机最有利于任务的完成。也就是说，动机强度处于中等水平时，效率最高，一旦动机强度超过了这个水平，对行为反而会产生一定的阻碍作用。如学习的动机太强、急于求成，会产生焦虑和紧张，干扰了记忆和思维活动的顺利进行，使学习效率降低。考试中的"怯场"现象主要是动机过强造成的。

成绩 ↑

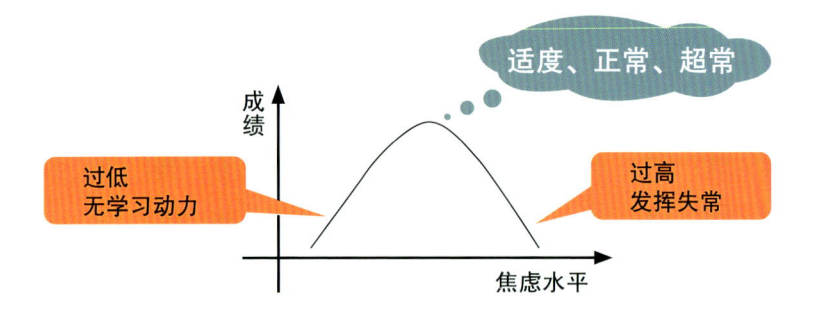

适度、正常、超常

过低
无学习动力

过高
发挥失常

焦虑水平 →

过高或者过低的焦虑水平都是不利于考试发挥的，而适度的焦虑则有利于考试的发挥。所以，对考试焦虑的调整不是完全让人没有焦虑，而是让自己的焦虑保持在一个适度的水平。如果焦虑水平过高，可以通过一些方式进行缓解：

1. 调整目标，轻装上阵。目标就像我们登山时携带的食物，它可以为我们提供源源不断的动力，而过高的目标就像多余的食物，既然用不上，何不抛弃一些来减轻我们的负担呢？

2. 做最坏结果设想。设想以自己目前的水平，考试最坏的结果是什么；如果出现了最坏结果，自己应该怎么办？经过这样的一番设想，所有的考试结果都在自己的预料之中，担心、焦虑便会随风而逝了。

3. 使用积极的应对策略。如进行深呼吸、放松练习、正向思考和自我鼓励。还可以尝试一些放松技巧，如用温水泡脚、尝试冥想、做有氧运动等，注意保持均衡的饮食，合理安排休息时间，帮助自己减轻焦虑。

如果问题持续存在或严重影响了我们的学习和生活，那就要及时寻求专业心理咨询师的帮助了。

> **开动脑筋**

面对各种考试，考前保持适度的压力，将其转化为学习动力，有利于我们考出好成绩，但是过度的压力和焦虑则会影响我们的发挥，导致考试成绩不理想。你有没有自己应对学习压力的独特方法呢？

5. 如何克服厌学情绪

案例呈现

随着年级的升高，小 L 感觉学习的难度越来越大，而且经常有一种力不从心的感觉。他做作业有些拖拉，每天做到很晚，几乎没有自己可以自由支配的时间，就这样有时还无法完成作业。他感觉好累，有时真想放弃，甚至想过休学。每次去学校都是硬着头皮，感觉像上刑场一样，感受不到一点快乐。他也不喜欢自己现在的状态，他要如何克服厌学情绪呢？

心理科普

习得性无助

习得性无助是美国心理学家塞利格曼1967年在研究动物行为时提出的。他用狗做了一项经典实验，起初把狗关在一个带有蜂音器的笼子里，只要蜂音器一响，就给予其难受的电击，狗被关在笼子里逃避不了电击。多次实验后，蜂音器一响，在给电击前，先把笼门打开，此时狗非但不逃，反而不等电击开始就先倒在地上呻吟和颤抖。本来可以主动地逃避电击，却因之前的绝望体验而放弃希望，默默地等待痛苦的来临，这就是习得性无助。

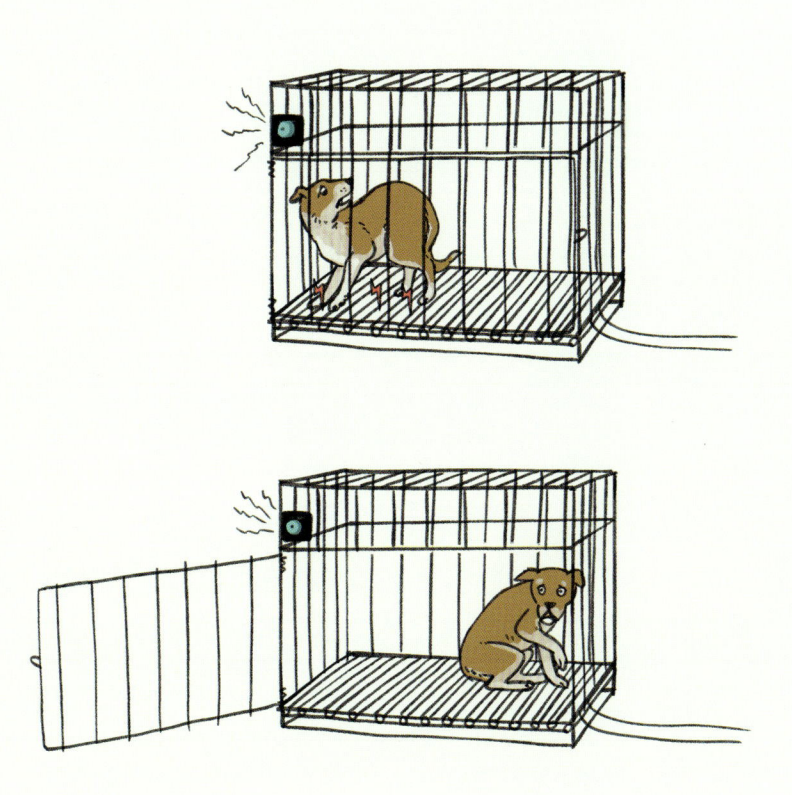

答疑解惑

厌学情绪其实就是在学习过程中习得性无助的外在表现，这种情绪一旦形成，会对学习和生活等各个方面产生负面的影响。

克服厌学情绪可能需要一些时间和努力，以下是一些帮助我们应对厌学情绪的建议：

1. 寻找学习的意义和目标。思考学习为自己带来的好处和重要性，将学习与自己的目标和梦想联系起来，要知道现在的学习对于获得未来的成功是必要的。

2. 找到学习的乐趣。探索不同的学习方法和资源，使学习过程变得更加有趣，如尝试使用多媒体、互动式学习材料、游戏化学习等方法来增加学习的乐趣和互动性。

3. 将学习划分为小目标。制订有趣的学习计划，使学习过程变得更加有挑战性和可度过性。设定奖励机制或者和学习伙伴一起学习，从而增加学习的趣味性。

4. 关注自身的学习方式和优点。了解自己的学习方式和兴趣，并尝试根据个人喜好和特点调整学习策略，这样能够提高学习效率和兴趣。

5. 与积极的学习者交流。多与积极且有动力的学习者交流、分享学习心得和经验，激励自己克服消极情绪。还可以参加学习小组或者寻求老师的帮助，他们的支持和鼓励可以帮助我们保持学习动力。

四、人际关系篇

1. 如何在新环境中较快地结识新朋友

案例呈现

进入初中以来，其他同学好像很快就找到了新朋友，他们或者三三两两，或者三五成群，大家在一起玩得很开心。只有小A还没有交到一个好朋友，经常独来独往，其实他也非常渴望一份美好的友谊，可就是不知道怎么做才能交到好朋友，他该怎么办呢？

心理科普

自我开放

自我开放，是指一个人自发地、有意识地向另一个人开放自己真实且重要的信息。自我开放与人际关系是紧密相关的，而适当的自我开放可以拉近人与人之间的心理距离，更容易与他人建立信任感，提高人与人之间沟通的效率。

当一个人向另一个人呈现一定程度的自我开放时，常常引发另一个人做出相同程度的自我开放。随着这一过程的进行，双方的个人关系会变得越来越密切。如果一方的自我开放未能引起另一方的自我开放，前一方的自我开放趋于受抑制，这一规律被称为自我开放的"互报规则"。

答疑解惑

适度的自我开放可以迅速拉近人与人之间的心理距离，要想交到好朋友，适度的自我开放并保持持续的交流和沟通是必不可少的。

1. 积极参加学校组织的各种活动。例如，参加学校组织的班级、社团、义工活动等，增加与其他同学交流的机会。

2. 尝试多与他人互动。在课堂上尝试参与讨论，主动表露自己对某个话题的兴趣，并试着和他们进行交流。

3. 尊重他人的兴趣爱好。与同学交谈时，多问问对方的兴趣爱好，当对方感觉到我们的关注时，就有可能建立更深入的联系。

4. 尝试与和自己兴趣类似的人接触。找到与自己兴趣相近的同学，一起参与共同喜欢的活动，共同享受兴趣带来的乐趣。

5. 学会关心他人。展现出我们对他人的关心和友好，如在他们遇到困难时提供帮助和支持。

交朋友需要一个过程，不要过于急切，与人建立真实、长久的友谊需要时间和努力。

2. 如何沟通可以避免或减少冲突

案例呈现

小B已经和班级好几位同学发生过冲突了，同学们都说他讲话特别冲，可他自己却没察觉到。他也想和大家友好交往，可是大家就是不愿意搭理自己，小B该怎么办呢？他该怎么合理地表达自己的诉求而又不会得罪人呢？

心理科普

非暴力沟通

著名的马歇尔·卢森堡博士发现了一种沟通方式——非暴力沟通，即通过观察事实，感受自己的心情，诚实地表达自己的愿望和需求，同时尊重与倾听他人的愿望和需求。

非暴力沟通包括留意观察、表达感受、理清需要和说出请求四个步骤。非暴力沟通可以指导我们转变谈话和聆听的方式，不再条件反射式地回应，既能诚实、清晰地表达自己，又能尊重与倾听他人。特别是在发生矛盾和冲突的时候，运用非暴力沟通，可以促进倾听、理解和发自内心的互助，让爱和尊重融入生活。

答疑解惑

非暴力沟通为我们提供了一个良好的沟通模式，我们在和他人沟通的过程中，可以运用非暴力沟通的方法，避免或减少冲突和矛盾。此外，还有以下一些建议，可以帮助我们更好地与同学建立友好关系：

1. 时常自省和反思。反思自己的言辞和行为是否可能给他人带来冲突感受，尝试从他人的角度来审视自己的交流方式。

2. 善于倾听和尊重。与他人交谈时，更多地倾听对方的意见和观点，并表示出理解和尊重。

3. 学会控制情绪。尽量保持冷静和理性，在面对有争议的话题时，不要情绪化地发表自己的观点，而是试着冷静地寻求不同的想法和意见。

4. 做到温和表达。尽量使用温和、耐心和友善的语气来表达自己的意见和需求。表达时，思考自己的措辞是否合适，是否会带给他人一种冲突的感觉。

5. 积极解决冲突。若自己与某位同学发生了冲突，尝试以积极的态度解决问题，坦诚地与对方沟通，倾听彼此的想法，并寻求解决方案。

改变与他人交往的方式需要时间和努力。只要保持耐心，持续学习和成长，就会逐渐建立起更健康、友好的人际关系。

3. 在学校被欺凌了该怎么办

案例呈现

小G的个子比较矮，班里有几个男同学经常欺负他，还给他起了一个非常有侮辱性的外号——"武大郎"。他们经常拿小G的外号来开玩笑，比如，他们会一唱一和，"早上吃了什么啊？"另一个人就会说"烧饼！""哪里买的啊？""当然是武大郎那里！"一群人就在那里哈哈大笑。老师说他们一顿，他们会收敛一段时间，但没过多久，就依然如故了。有的同学更过分，小G从他们身边经过的时候，他们会摸摸他的头说："还是你做的烧饼最好吃。"小G生起气来，他们反而会说小G连玩笑都开不起。小G很痛苦，不知道该怎么办。

心理科普

校园欺凌的类型

校园欺凌可以分为以下五种类型。

1. 身体欺凌：以殴打、脚踢、掌掴、抓咬、推撞、拉扯等方式侵犯其他学生身体，或者恐吓威胁其他学生。

2. 语言欺凌：以辱骂、讥讽、嘲弄、挖苦、起侮辱性绰号等方式侵犯其他学生人格尊严。

3. 财物欺凌：抢夺、强拿硬要或者故意毁坏其他学生财物。

4. 社交欺凌：恶意排斥、孤立其他学生，影响其他学生参加学校活动或者社会交往。

5. 网络欺凌：通过网络等方式捏造事实诽谤其他学生、散布谣言或者错误信息诋毁其他学生、恶意传播其他学生隐私。

答疑解惑

小 G 这几位同学的言行已经构成了校园欺凌，面对同学的语言欺凌，我们给出小 G 以下这些建议：

1. 无视并远离欺凌者。试着不把他们的嘲笑放在心上，在学习生活中自信地展现自己的优点，赢得更多人的欣赏。

2. 多与他人交流。尝试找到一些与自己友好的同学互相支持，美好的友谊会让我们提升自信心，获得快乐。在遇到困难时，他们还会为我们提供帮助和支持。

3. 寻求成人的帮助。再次向老师或班主任说明情况，告诉他们之前采取的措施没有起到应有的效果，请求他们采取更严厉的措施来解决问题。还可以向家长倾诉，由家长提出对自己的保护和对欺凌者的惩罚。

4. 保持积极的心态。参加一些放松和积极的活动，如运动、艺术或兴趣班等。这样可以让自己有一个积极向上的环境，提升自己的心情。

5. 多了解一些关于反欺凌行为和个人发展的知识。如了解如何应对欺凌行为，学习如何与不友好的人相处。

如果遇到的欺凌情况比较严重，或者感到无助，要积极地寻求成人的帮助。

开动脑筋

如果你发现有同学或朋友被欺凌了,你会怎么帮助他呢?

4. 如何克服社交恐惧

案例呈现

从小学五年级开始，小H变得越来越不敢和其他人讲话了，尤其是遇到陌生人的时候，他便吞吞吐吐讲不出话来，脸色也变得通红，额头上直冒汗珠。他看到人就想躲着走，实在躲不过去了，有时也会打个招呼。上课更不敢主动举手发言，有时被老师叫到名字，内心就会感到很恐慌，然后脸发烫，明明会的问题也答不上来，站在那里觉得很尴尬。他觉得自己很没用，怀疑自己是不是得了社交恐惧症，不知道该怎么办。

心理科普

社交恐惧的类型

最常见的三种社交恐惧如下：

1. 对不确定性的恐惧。许多人会有一种根深蒂固的信念，认为跟陌生人谈话或交流是一件不确定的事情，是具备高风险的，很容易产生尴尬、拘谨、不愉快，从而不欢而散。

2. 对对方感受的恐惧。人们容易认为别人不喜欢自己，会努力从整个交流过程中去找自己的不足，再把这个不足无限放大。

3. 对交流技巧的恐惧。许多人认为自己是缺乏足够社交技巧的，既不知道如何跟陌生人交谈，也不知道如何开始谈话和结束谈话，因此容易缺乏自信。

答疑解惑

小H可能正在经历社交焦虑的问题，他存在一定程度的社交恐惧情绪，但还没有严重到社交恐惧症的程度。应该怎么样来缓解社交焦虑和社交恐惧感呢？

1. 承认和理解自己的这种恐惧感。承认自己遇到了社交困难，这种恐惧感通常来源于自我保护的回避反应，可能是社交能力有待提升，但并非不可克服。

2. 尝试重新评估当下环境的安全性。记忆和现实往往容易混杂，如果不带任何偏见地看现在，也许会发现，当下的环境其实是安全和友好的。或者，如果当下的环境不那么安全和友好，我们可以尝试做点什么，来更好地保护自己。

3. 从感觉安全、友好和有信心的社交情境开始练习。从社交经验中来重新积累信心，安全感是很重要的。越害怕什么，往往越需要靠近它，但是我们可以试着让自己温柔地靠近，可以尝试从自己相对熟悉和有信心的领域和情境开始，甚至一开始允许自己有短暂的回避情绪。

4. 慢慢尝试温柔对待不完美但独一无二的自己。我们的本能是追求卓越，但没有谁是完美的。我们可以尝试改变负向的思维方式和自我评价，鼓励自己从积极的角度看待自己，接受自己的不完美之处，并相信自己能够克服困难。

每个人都有不同的经历和挑战，我们并不孤单。通过寻求支持和采取积极的行动，我们一定可以逐渐克服社交恐惧，建立起更健康和自信的人际关系。

5. 怎样做才能更受同学欢迎

案例呈现

小O的成绩非常好，在班里数一数二，钢琴弹得也很好，还担任了班长职务。她觉得自己做事非常公平、公正，组织管理能力也得到了同学们的普遍认可，她也尽量让自己显得平易近人，和每一位同学都建立良好的关系。但好像事与愿违，她感觉有的同学并不愿意接近自己，甚至还听说有人在她背后说自己的坏话。她认为自己做得相当完美了，但为什么没有受到同学们的普遍欢迎呢？怎样做才能更受欢迎呢？

心理科普

出丑效应

出丑效应又叫作"犯错误效应"，是指在人际交往学中，那些有能力且偶尔会犯点错误的人比那些从不犯错的人更招人喜欢和受到欢迎。

之所以会有这样的效应，是因为在现实生活中，那些有能力且从不犯错的人总是呈现出完美的形象，身上没有任何"污点"，也就让常人感到难以接近，高不可攀。而相反，偶尔会犯点错误才是我们日常的真实写照，偶尔"出点丑"的人其实更容易拉近与他人的距离，更加容易受到他人的喜欢。

答疑解惑

其实，被班级同学普遍欢迎并不仅仅取决于个人的成绩和才能，还有其他方面需要考虑。

1. 不用时时刻刻都想表现得很完美。从出丑效应可以看出，一个人表现得太过完美，反而可能降低自己受欢迎的程度。古人云"水至清则无鱼，人至察则无徒"也是这个道理，偶尔犯一些无关紧要的小错误没关系，而且可能还会提升自己的受欢迎程度。

2. 反思自己的行为是否给人一种拔尖者的自大感。有时候，即使我们的成绩出色，但如果我们在与他人互动时流露出过于自负或不容忍他人的态度，也可能会让别人敬而远之。努力让自己显得平易近人，并倾听他人的意见和建议，这样会更容易获得他人的接纳和欢迎。

3. 学会与他人建立良好的关系是很重要的。尽管自己拥有出色的能力，但也要尊重他人的观点和感受。试着多和同学们交流，主动与他们建立联系，展示出关心和理解，同时培养友善和善于合作的品质。

4. 保持理性从容。如果有人在背后说你的坏话，这可能只是一小部分人的声音，可能是出于嫉妒、误解或其他原因，并不一定就是你自身的问题。有则改之，无则加勉。重要的是，坚持做好自己的事情，保持积极乐观的心态。

五、良好品行养成篇

1. 如何培养坚毅的品格

案例呈现

小T从小就比较缺乏意志力，学什么东西都是半途而废。学画画学了几年，感觉越来越难就放弃了；学钢琴也一样，学了几年坚持不下去了，最后也不了了之。现在进入八年级了，他感觉作业越来越多，难度也越来越大，遇到难的题目就想放弃，一点都不想动脑子思考。班主任找他谈话，说他人很聪明，就是毅力有点差，如果在学习上能做到持之以恒，成绩肯定会更好。他也很想提升自己的坚毅力，但不知道具体该怎么做。

心理科普

六种坚毅力

美国著名作家史蒂芬·科特勒在《跨越不可能》一书中提出了六种坚毅力：

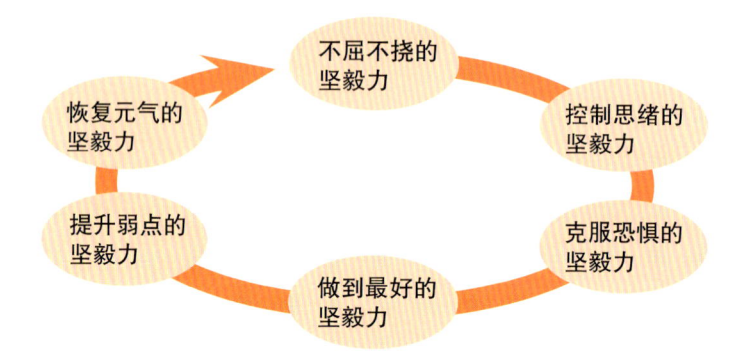

- 不屈不挠的坚毅力
- 控制思绪的坚毅力
- 克服恐惧的坚毅力
- 做到最好的坚毅力
- 提升弱点的坚毅力
- 恢复元气的坚毅力

答疑解惑

坚毅力的提升虽然不能一蹴而就，但它是一种可以培养和提高的品质，下面这些建议可以帮助我们提升坚毅力：

1. 制订目标和计划。确定自己想要达到的目标，并制订详细的计划。将目标分解成小的可行的任务，并逐步完成。

2. 坚定动机。明确自己为什么想要实现这个目标，找到自己的动机和激励因素。这样，当我们面对困难时，会有更强的动力坚持下去。

3. 树立积极的心态。要坚信我们能够克服困难，并且相信坚持是值得的。将失败视为学习和成长的机会，不要过于关注短期的困难和挫折。

4. 进行有针对性的训练。评估自己的六种坚毅力水平是怎样的，并循序渐进地对每种坚毅力进行有针对性的训练。

5. 养成良好的习惯。养成良好的学习和运动习惯，制订固定的时间表和计划，按时完成任务。

提升坚毅力是一个渐进的过程。通过积极的态度、明确的目标、良好的计划和习惯，我们可以逐渐培养出更强的意志力。

开动脑筋

你认为坚毅的品格都包括哪些具体方面呢？说说你是怎样培养和坚持坚毅品格的吧！

2. 如何培养乐观的心理品质

案例呈现

小N总是很悲观，遇事总往坏处想。有同学主动接近她的时候，她会想别人会不会是想利用自己，其实并不是真的想和自己交朋友。每次考试结束，她都会大哭一场，因为老感觉自己考得很差。其实，成绩出来以后，她考得还不错。这种悲观的心态也影响到了她的学习动力，她总觉得即使大学毕业可能也找不到好的工作，这么努力学习又有什么意义呢？她也觉得自己不应该这么悲观，也想变得乐观一些，但不知道如何培养乐观的心理品质。

心理科普

乐观的作用

美国著名心理学教授希尔顿·科恩认为，乐观是一种稳定的人格特征，这种稳定的性格有助于提高机体免疫力。一种想法出现后，身体会随之发生一连串的生化反应，积极的态度会提高一氧化氮的水平，让神经递质得到平衡、免疫力得到调整。

答疑解惑

乐观的态度可以给我们的身心带来很多好处和帮助，可见，培养乐观的心态对我们非常重要。当然，这需要一个过程，并不是一蹴而就的。

1. 认识悲观思维的限制。了解悲观思维为我们带来的负面影响，包括降低自信心和学习动力。意识到这一点，会激励我们尝试改变悲观的态度。

2. 培养感恩的习惯。每天写下几件自己感到感激的事情，这有助于我们专注于积极的方面，树立更乐观的心态。

3. 回顾成功经历。回想过去自己克服困难并取得成功的经历，这会提醒我们自己所具备的优势能力和潜力，增强自信心。

4. 实时监控思维。如果我们意识到自己在想悲观的事情，马上喊停，然后把注意力转移到其他方面。

5. 与积极乐观的人为伍。多和积极乐观的朋友交往，他们的态度和行为会影响我们；寻找和自己志同道合的人，他们会支持我们并帮助我们保持乐观态度。

6. 培养自我认可和自我肯定。注意和赞赏自己取得的成就，无论是大还是小。相信自己的能力和努力，培养积极的自我形象。

培养乐观的心理品质需要时间和努力。持之以恒地实践这些技巧，逐渐改变思维模式，将有助于我们建立乐观的心态和积极的心理状态。

3. 如何培养与他人合作的意识和能力

案例呈现

小P从小独立性就比较强，很多事情都是自己独立完成，因此，养成了独立自主的习惯，不愿与人合作，感觉与人合作很多时候就是浪费时间。比如，老师布置大家合作完成一项作业，他担任组长，可他每次找其他成员讨论的时候，不是这个有事就是那个有事，时间过了好久作业都没完成。后来，他就自作主张独自把作业做完了。其他成员知道后反而指责他不尊重他们的意见，老师也批评他不懂得合作。小P也很委屈，但他不知道怎样培养与他人合作的意识和能力。

心理科普

阿德勒论合作

著名心理学家阿德勒认为，人天生是一种社会动物，人的行为是受社会驱力所推动的，人经常不断地和他周围的环境、和他周围的世界互相交往、发生关系。因而他对社会的兴趣具有一种天生的倾向。他以为，我们赋予生活的意义应该是奉献、对别人发生兴趣和互相合作。他还认为，人类比我们在世界上发现的任何其他动物需要更多及更深刻的合作，因为"人类的婴孩是非常软弱的，他们需要许多的照顾和保护"。由于我们每一个人都曾经是人类中最弱小和最幼稚的婴儿，所以我们人人都有一种自卑情结，只有人人学会合作之道，才能摆脱悲观之途。

答疑解惑

对于小P的独立性和独立完成任务的能力，我们要抱着欣赏的态度。然而，就像阿德勒论述的那样，与他人合作是一种非常重要的能力，它不仅可以为我们提供不同的观点和想法，还可以加快任务的进展速度并培养人际关系。

1. 意识到合作的重要性。合作可以带来更多的思路和创意，提高学习与工作的效率和质量。

2. 学会倾听和尊重他人的意见。倾听和尊重他人的意见是合作的关键，不要只关注自己的观点，要耐心倾听他人的想法，并认真考虑它们。在讨论方案时，要积极鼓励小组成员发表意见，共同作出决策。

3. 明确分工和目标。在合作中，明确分工和确定共同的目标是至关重要的。提前确定每个人的角色和任务，确保每个人都有参与感和责任心。同时，确保每个人都清楚分工、目标和时间表。

4. 主动寻求合作机会。主动参与课堂和社交活动，寻求与他人合作的机会。可以参加小组项目、志愿者活动或者加入有共同兴趣爱好的社团。通过这些机会，我们可以和不同的人共事，并学会与他人协调合作。

4. 如何合理使用电子产品

案例呈现

小V以前并没有打电子游戏的习惯。后来，他发现课间男生谈论最多的话题就是电子游戏，他根本没办法插话，无法融入他们。于是，为了找到共同话题，他也开始尝试打游戏。游戏打得越来越熟，他和同学之间的共同话题也越来越多，还和几个男生成了好朋友，经常相约一起打游戏。由于花费在游戏上的时间太多，导致小V学习成绩一落千丈。而且，由于经常熬夜，他整个人的状态很差，感觉自己每天浑浑噩噩的，像做梦一样。他现在也意识到问题的严重性，想自我控制，但是根本控制不住，他该怎么办呢？

心理科普

过度使用电子产品带来的危害

世界著名医学期刊《柳叶刀》上曾发表了一篇针对儿童认知测试的研究文章。这项研究观察了美国 45000 多名 5～12 岁的儿童,并对他们进行了学习能力测试,包括语言智能、记忆力智能和专注力测试。

研究结论表明,每天使用手机娱乐的时间不超过 1 小时、户外活动时间满足 1 小时、睡眠时间维持在 8～12 小时的孩子,在学习能力测试中要明显比其他未满足上述条件的孩子的成绩高。相比之下,每天使用手机 2 小时以上的孩子,学习水平更低。

除此以外,过度使用电子产品还有可能带来以下危害:妨碍身体生长发育;导致睡眠不足;造成视力下降;影响情绪、社交能力和行为习惯;影响学习成绩;增加心理负担。

答疑解惑

小 V 已经意识到了过度使用电子产品对学习和身心健康造成的负面影响,这是一个很重要的进展。下面这些建议可以帮助我们控制游戏时间和恢复正常的生活秩序:

1. 制订计划。制订一个合理的时间表,将学习、锻炼、社交等活动纳入其中。确保给自己留出足够的时间进行其他活动。

2. 设定目标。设定明确的目标,如提高学习成绩、培养其他兴趣爱好等。通过明确目标，可以更好地调整自己的行为和决策。

3. 抵制诱惑。减少接触游戏的诱惑，例如，从手机或电脑中删除游戏应用程序，避免经常上游戏网站。将游戏设备和手机等电子产品放在一个难以接触到的地方，这样可以减少自己随时玩游戏的冲动。

4. 找到替代活动。寻找其他有意义的活动来填补手机游戏留下的空白时间，如读书、进行户外活动、学习新技能、参加社交活动等。

5. 寻求支持。对家人和朋友说出自己的困境，并寻求他们的支持和理解。他们可以帮助我们坚持自己的目标，并提供帮助和鼓励。

改变习惯需要时间和毅力，不要给自己太大的压力，一步一步地慢慢调整。重点是保持积极的态度，并相信自己能够解决这个问题。

开动脑筋

我们现在接触到的电子产品太多了，我们可以用它来学习，拓宽知识面，也可以用它来放松心情，但过度使用电子产品会带来一系列负面影响。在生活中，你是如何规划使用电子产品的时间的呢？

....

....

....

青少年安全知识手册

作业登记本

姓名：_____

班级：_____

学号：_____

课程表

	星期一	星期二	星期三	星期四	星期五
第一节					
第二节					
第三节					
第四节					
午休					
第一节					
第二节					
第三节					
第四节					

月　日　星期	完　成
语文	
数学	
英语	
其他	

以梦为马，不负韶华。青春无极限，努力做最好的自己！

	月　日　星期	完　成
语文		
数学		
英语		
其他		

月　日　星期	完　成
语文	
数学	
英语	
其他	

无论人与人之间的差异是否显著，每个人的存在都对世界有着独特的影响力和意义。

月　日　星期	完　成
语文	
数学	
英语	
其他	

	月　日　星期	完　成
语文		
数学		
英语		
其他		

当我们感到情绪激动、难以控制自己的愤怒时，可以试试与朋友或家人交谈、转移注意力、做自己擅长的运动等方法。

	月　日　星期	完　成
语文		
数学		
英语		
其他		

	月　日　星期	完　成
语文		
数学		
英语		
其他		

🐾 合理制定学习目标可以很好地提高学习动力、磨炼自己的意志，养成良好的学习习惯。

	月　日　星期	完　成
语文		
数学		
英语		
其他		

月 日 星 期	完 成
语文	
数学	
英语	
其他	

通过制定明确的目标、使用时间管理技巧、设定奖励机制、寻求外部支持、想象未来成果等，可以提升学习自控力。

	月　日　星期	完　成
语文		
数学		
英语		
其他		

	月　日　星期	完成
语文		
数学		
英语		
其他		

他人的评价并不代表绝对的真实性或我们的全部价值。

	月　日　星期	完　成
语文		
数学		
英语		
其他		

	月　日　星期	完成
语文		
数学		
英语		
其他		

聚光灯效应，是指我们在聚焦某个事物或行为时，会产生过度的关注和评判，导致面对他人对自己的评价时过于敏感并产生压力。

	月　日　星期	完　成
语文		
数学		
英语		
其他		

月 日 星期	完 成
语文	
数学	
英语	
其他	

🌸 自我开放与人际关系是紧密相关的，适当的自我开放可以拉近人与人之间的心理距离，更容易与他人建立信任感，提高沟通的效率。

	月 日 星期	完成
语文		
数学		
英语		
其他		

月　日　星期	完成
语文	
数学	
英语	
其他	

🐾 踢猫效应，是指人们往往会向弱于自己的对象发泄不满情绪，而这种情绪会起到连锁反应，由上往下逐渐传递。

月　日　星期	完　成
语文	
数学	
英语	
其他	

月 日 星期	完 成
语文	
数学	
英语	
其他	

耶克斯——多德森定律表明，中等强度的动机最有利于任务的完成。所以，对考试焦虑的调整不是让人完全没有焦虑，而是让自己的焦虑保持在一个适度的水平。

	月　日　星期	完　成
语文		
数学		
英语		
其他		

	月　日　星期	完　成
语文		
数学		
英语		
其他		

非暴力沟通，是指通过观察事实，感受自己的心情，诚实地表达自己的愿望和需求，同时尊重与倾听他人的愿望和需求。

	月　日　星期	完　成
语文		
数学		
英语		
其他		

	月 日 星期	完 成
语文		
数学		
英语		
其他		

要想交到好朋友，适度的自我开放并保持持续的交流和沟通是必不可少的。

	月　日　星期	完　成
语文		
数学		
英语		
其他		

	月　日　星期	完　成
语文		
数学		
英语		
其他		

我们要学会分辨网络不良信息，远离网络低俗文化，自觉抵制网络不良社交行为。

	月　日　星期	完　成
语文		
数学		
英语		
其他		

	月　日　星期	完　成
语文		
数学		
英语		
其他		

电信网络诈骗中有专门针对未成年人的骗局，如网络游戏骗局、破解防沉迷系统骗局、返利返现骗局、网络追星骗局等。

	月　日　星期	完　成
语文		
数学		
英语		
其他		

月　日　星期	完成
语文	
数学	
英语	
其他	

网购要到官方正规平台，不与陌生人私下交易。

	月　日　星期	完　成
语文		
数学		
英语		
其他		

月 日 星期	完 成
语文	
数学	
英语	
其他	

遇到自称是"公检法"来调查的,立即告诉家长、老师。

	月 日 星期	完成
语文		
数学		
英语		
其他		

	月　日　星期	完　成
语文		
数学		
英语		
其他		

遇到亲朋好友借钱，致电本人反复确认。

	月　日　星期	完　成
语文		
数学		
英语		
其他		

月 日 星 期	完 成
语文	
数学	
英语	
其他	

兼职要在正规网站查找，先付款后入职的可能是诈骗。

	月　日　星期	完成
语文		
数学		
英语		
其他		

月 日 星期	完 成
语文	
数学	
英语	
其他	

不出租、出售微信号、电话卡，不被高价收卡冲昏头脑。

	月　日　星期	完　成
语文		
数学		
英语		
其他		

	月 日 星期	完成
语文		
数学		
英语		
其他		

不扫描陌生人提供的二维码，不点击陌生人发来的链接。

	月　日　星期	完　成
语文		
数学		
英语		
其他		

月 日 星期	完成
语文	
数学	
英语	
其他	

不向陌生人透露账号密码,不与陌生人进行屏幕共享。

	月　日　星期	完　成
语文		
数学		
英语		
其他		

	月　日　星　期	完　成
语文		
数学		
英语		
其他		

如果有人要求你提供个人信息，一定要和家长、老师或者其他信任的成年人联系，通过正确渠道加以核实，不要盲目提供。

月 日 星期	完成
语文	
数学	
英语	
其他	

月 日 星期	完 成
语文	
数学	
英语	
其他	

国家禁止未成年人参与直播打赏。

月　日　星期	完　成
语文	
数学	
英语	
其他	

	月　日　星期	完　成
语文		
数学		
英语		
其他		

学生欺凌，是指发生在学生之间，一方蓄意或者恶意通过肢体、语言及网络等手段实施欺压、侮辱，造成另一方人身伤害、财产损失或者精神损害的行为。

	月　日　　星　期	完　成
语文		
数学		
英语		
其他		

月　日　星期	完　成
语文	
数学	
英语	
其他	

我们要敢于对校园欺凌说"不"！

	月　日　星期	完　成
语文		
数学		
英语		
其他		

	月　日　星期	完　成
语文		
数学		
英语		
其他		

欺凌者如果达到相应的责任年龄，根据欺凌行为的严重程度以及危害后果，将依法承担民事责任、行政责任、刑事责任。

	月　日　星期	完　成
语文		
数学		
英语		
其他		

	月　日　星期	完　成
语文		
数学		
英语		
其他		

欺凌者需承担的民事责任包括停止侵害、排除妨碍、消除危险、消除影响、恢复名誉、赔礼道歉等。

	月　日　星期	完　成
语文		
数学		
英语		
其他		

	月　日　星期	完　成
语文		
数学		
英语		
其他		

✿ 欺凌者对他人造成严重精神损害时，需要承担精神损害赔偿责任；造成财产损害时，需要赔偿对方相应的财产损失。

	月　日　星期	完　成
语文		
数学		
英语		
其他		

月　日　星期	完　成
语文	
数学	
英语	
其他	

受到欺凌后，请你不要隐瞒事实，要第一时间向家长、老师或者其他值得信赖的成人告知实际情况。

月 日 星期	完 成
语文	
数学	
英语	
其他	

月 日 星期	完 成
语文	
数学	
英语	
其他	

当你看到别人被欺凌时,请在能力范围内施以援手,不要做旁观者,更不要做附和者。

	月　日　星期	完　成
语文		
数学		
英语		
其他		

	月　日　星期	完　成
语文		
数学		
英语		
其他		

愿你们青春无畏，未来可期！

图书在版编目（CIP）数据

青少年安全知识手册. 作业登记本 / 本书编写组编.
北京：群众出版社, 2025. 1. -- ISBN 978-7-5014
-6466-1

Ⅰ. G634.203

中国国家版本馆 CIP 数据核字第 2024NZ2509 号

青少年安全知识手册·作业登记本
本书编写组　编

总　策　划：	陆红燕
责任编辑：	李玮煜
装帧设计：	张　彦
责任印制：	周振东
出版发行：	群众出版社
地　　址：	北京市丰台区方庄芳星园三区 15 号楼
邮政编码：	100078
经　　销：	新华书店
印　　刷：	天津盛辉印刷有限公司
版　　次：	2025 年 1 月第 1 版
印　　次：	2025 年 1 月第 1 次
印　　张：	2
开　　本：	880 毫米 ×1230 毫米　1/32
字　　数：	10 千字
书　　号：	ISBN 978-7-5014-6466-1
定　　价：	6.00 元
网　　址：	www.qzcbs.com
电子邮箱：	qzcbs@sohu.com

营销中心电话：010-83903991
读者服务部电话（门市）：010-83903257
警官读者俱乐部电话（网购、邮购）：010-83901775
公安业务分社电话：010-83906108

本社图书出现印装质量问题，由本社负责退换
版权所有　　侵权必究